AF252560

DECLARATION

DE

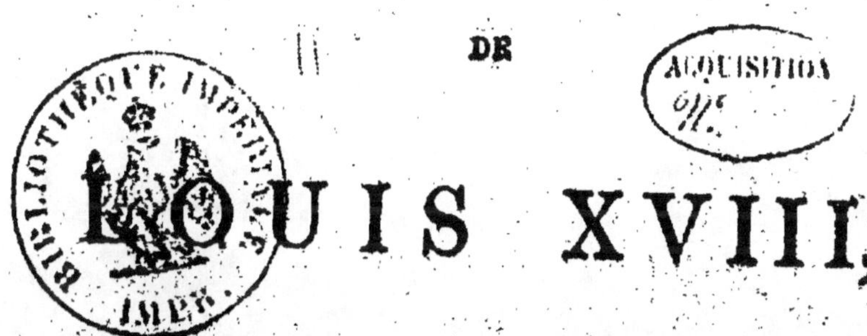

LOUIS XVIII,

ROI DE FRANCE ET DE

NAVARRE.

1804

LOUIS, PAR LA GRACE DE DIEU, ROI DE FRANCE ET DE NAVARRE, A TOUS NOS SUJETS, SALUT.

A l'époque où Nous fûmes appelés à recueillir le sanglant héritage de Nos Pères, on Nous entendit satisfaire à la fois au besoin de Notre cœur, en vous parlant de Notre amour, et au cri du devoir, en vous exposant les vues et les intentions de Votre Roi.

Lorsqu'à Dillingen, un lâche émissaire de vos Tyrans porta sur Nous une main parricide, Nous vous adressâmes la parole, et de ces lieux mêmes que Notre sang venoit de teindre, n'ayant que trop à prévoir que Nos jours seroient incessamment poursuivis par les complots et la rage aveugle des méchans, Nous prîmes l'engagement solennel qu'à travers les embûches et les assas-

sins, invoquant le Dieu tout puissant, et appe-
lant le retour de ses bénédictions sur la France,
Nous marcherions invariablement an but de Nos
travaux.

Bientôt, Nos agens dans l'intérieur étant de-
venus victimes de leur dévouement et de leur
zèle, les instructions qu'ils avoient reçues de Nous
furent rendues publiques, et vous n'y vîtes, ainsi
que dans l'adresse aux François que Nous fîmes
à cette occasion, que modération et clémence.

Après ces premiers élans de Notre âme,
sans appui de la part des Puissances armées contre l'hydre révolutionnaire, cédant aux conseils
de celle qui Nous servoit d'Egide et dont les glo-
rieux étendards venoient de se déployer pour le
salut de la France, ne voyant de terme aux pro-
scriptions, au brigandage, à la dépravation, que
dans l'excès même de leurs horreurs, nous dûmes,
accablés des maux de la Patrie, gémir sur elle,
observer en silence la marche rétrograde qu'une
terrible expérience imprimoit aux esprits, et regler
Notre conduite sur les progrès de l'opinion.

La chûte du Directoire sembla préparer celle
du code dévastateur dont ce Gouvernement mépri-

sable avoit hérité. Déjà de nouvelles instructions, émanées de Nous, garantissoient aux François le fruit de Notre sollicitude et de Nos réflexions sur les calamités inouies où les avoient plongés la révolte et l'esprit de vertige. Ce n'étoient plus, dans leur intégrité, les principes et les vues de Notre Déclaration de 1795. A cette mémorable époque, tout Nous faisoit un devoir de Nous tenir plus près des maximes antiques, en prenant pour fanal l'immortel testament du Roi Notre Seigneur et Frère. Sans doute la même intention dirigeoit Nos efforts; ils eurent, ils auront constamment pour objet la liberté du peuple et l'indépendance du Monarque, premier élément de cette liberté; mais tant d'années de bouleversement Nous imposoient la loi de modifier Nos idées sur les voies de la Restauration, et de chercher, au milieu des décombres, les matériaux propres à reconstruire l'édifice.

Nous disions alors sur l'ordre judiciaire et administratif:

" La division de la France, l'administration

" des Départemens,   Districts et Municipalités,
" les institutions concernant la Police et l'au-
" thenticité des Actes, les Tribunaux chargés
" de rendre la justice seront provisionnellement
" conservés, à charge par les juges, &c. &c. de
" remplir leurs fonctions en mon nom, et de me
" prêter serment de fidélité."

 " Les personnes, actuellement employées dans
" l'ordre administratif ou judiciaire, conserveront
" leurs emplois, à l'exception seulement de celles
" que la voix publique en déclareroit indignes ;
" les places vacantes seront données aux sujets
" les plus capables de les remplir, et à ceux prin-
" cipalement qui s'y sont déjà distingués par leur
" probité et par leurs lumières."

SUR LES PROPRIÉTÉS ENVAHIES SOUS LE TITRE DE

BIENS NATIONAUX :

 " Tranquillisez les possesseurs actuels ; dites
" leur que mon intention étant de pourvoir à ce
" qui regarde les biens dits nationaux, par les
" moyens les plus propres à concilier et à garan-
" tir les droits et les intérêts de tous, je vous ai

" enjoint de recueillir, sur ce point important,
" et de me transmettre les idées et les vues des
" hommes les plus éclairés et les plus vertueux,
" afin de pouvoir adopter une direction conforme
" au bien général et au véritable vœu de la
" Nation."

Sur les crimes et délits !

" J'ai promis, et vous garantirez à mes su-
" jets que la publication d'une amnistie générale
" leur annoncera mon retour."

" Répétez à tous que si mon propre cœur
" me porte à l'indulgence envers les fautes, le
" salut de l'Etat, cette suprême loi, sollicite ma
" clémence en faveur même des crimes, &c &c."

" Et dans la crainte qu'un zèle inconsidéré
" n'altère d'avance l'effet de ces dispositions, je
" veux que les tribunaux s'interdisent toutes
" poursuites concernant les crimes et délits re-
" latifs à la révolution, sauf les mesures de sû-
" reté qu'il est sage de prendre contre les rebelles
" qui s'obstineroient dans la révolte."

Nous disions enfin a l'égard du Militaire :

« En déplorant les erreurs auxquelles l'Ar-
« mée ne put se soustraire, je n'ai pas vu sans
« fierté sa valeur dans les combats ; je conser-
« verai leurs grades, emplois, solde et appoin-
« temens aux Généraux, Officiers, Sous-Officiers
« et Soldats qui contribueront au salut de l'Etat,
« en contribuant au rétablissement de la Mo-
« narchie. Ceux qui se signaleront par leur zèle
« en faveur de ma cause, inséparable des intérêts
« du peuple, obtiendront des récompenses pro-
« portionnées à leurs services. Roi d'une nation
« belliqueuse et libre, et éprouvant dans mon
« âme la juste considération que l'esprit François
« attache à la profession guerrière, véritable ori-
« gine de la noblesse, j'abolirai et ces loix dont
« la violence traîne sous les drapeaux ceux que
« l'honneur et l'amour de la patrie doivent seuls
« y conduire, et ces réglemens, ouvrage d'un
« temps d'imprévoyance, où l'on sembla mécon-
« noître que parmi les Condé, les Turenne, les

" Luxembourg, la Monarchie a produit des Fa-
" bert, des Catinat, des Chevert, et que la France
" touchoit à une époque qui devoit en enfanter
" de nouveaux, non moins propres à illustrer ses
" armes."

FRANÇOIS ! Voilà cette contre-révolution telle
que votre Roi l'avoit conçue, telle qu'il l'envisage
aujourd'hui, telle enfin qu'elle sera tôt ou tard con-
sommée ; car si les décrets de la Divine Providence
ne Nous ont pas destinés à réparer vos malheurs,
Nous descendrons du moins dans la tombe avec
cette consolante idée, qu'héritier de l'amour que
Nous portons à Nos peuples, celui des Nôtres
qui doit régner sur vous, fera bénir un jour Notre
mémoire, en exécutant les plans qu'au sein de la
fortune la plus adverse, Nous avions formés pour
votre prospérité.

Mais pendant que Nous travaillions à vous
éclairer, Nos yeux devoient naturellement se por-
ter sur l'homme, éminemmént protégé par la fortune et la victoire, qui venoit de s'emparer de l'au-

torité; cet homme, alors, en sachant dédaigner le fruit odieux des forfaits de ses prédécesseurs, pouvoit recueillir les bénédictions de la France et l'admiration des siècles. . Nous lui parlâmes ; il reçut de Notre main l'invitation de partager avec Nous l'impérissable gloire de fixer vos destinées : Nous lui dîmes, avec une franchise faite pour toucher une âme généreuse et grande : *Nous pouvons assurer les destins de la France.* *Je dis nous, parce que j'aurai besoin pour cela de Buonaparte, et qu'il ne le pourroit pas sans moi.*

Pour entendre ce langage, il eût fallu être François.

La réponse de l'Étranger fut négative, astucieuse ; il osa dire à votre père : *Renoncez à vos droits, la Postérité vous en tiendra compte. . . . . Vous auriez à marcher sur cent mille cadavres.*"

Ainsi cherchant à vous séduire par une sollicitude affectée, et semant en même-temps sur Nous et les Nôtres les calomnies les plus infâmes, il apprêtoit le joug qui devoit bientôt peser sur vos têtes.

Cependant trois années s'étoient écoulées

Fier d'avoir arraché la paix à la fatigue des Puissances, ne pouvant supporter un voile qui déjà ne couvroit plus ses projets, croyant s'acquitter envers vous par l'offre d'un insolent bienfait envers son Roi ; aveuglé enfin par l'orgueil, nous le vîmes, tout à coup, rendre hommage à nos droits, en osant nous proposer de les vendre. Notre réponse devint bientôt publique, et vous n'ignorez pas que Notre Frère, Nos Neveux et tous les Princes de Notre Sang adhérèrent à Notre inébranlable constance.

Trompé dans son attente, honteux d'avoir payé de trente mille victimes, les cendres de St. Domingue et préparé de ses mains perfides le massacre de Nos infortunés colons, exaspéré par l'inutilité des efforts auxquels, dans une lutte ruineuse, vous asservit son imperturbable système d'envahissement, il se détermina à déployer, comme un signe d'épouvante, à tremper dans le sang le plus précieux et du peuple et du Roi, le bandeau qu'à tout prix il vouloit ceindre.

C'est ainsi que foulant aux pieds la plus sainte loi des Nations, et ces principes même de pré-

tendue liberté dont lui et ses pareils étoient naguè-
res les champions les plus fougueux , il fonda le
despotisme et ce trône éphemère au pied duquel
vous voyez tous les intérêts s'agiter, sans pouvoir
jamais en attendre le repos auquel vous aspirez , ces
inappréciables avantages que vous avez perdus, en
perdant l'autorité tutélaire et durable, la seule qui
desormais puisse assurer les fortunes, servir d'exemple et de centre à un concours généreux de sentimens et de volontés ; enfin commander, d'accord
avec vous-mêmes, les sacrifices que demande la patrie pour fixer le bonheur et cimenter la réunion
de tous.   Eh ! ne voyez vous pas les mêmes mains
empressées aujourd'hui à soutenir l'Etranger et les
siens au faîte du pouvoir, le renverser dans la pou-
dre ! Qui osera y monter après lui ? De quelque
manière que finisse sa turbulente carrière, faudra-
t-il que cette couronne pésante, écrasant quelques
têtes débiles et obscures vouées aux risées ou à
la mort, entraîne et déchire, dans sa chute, les ra-
meaux déjà renaissants de l'antique Monarchie,
et redevienne la proie passagère du premier auda-
cieux qui saura la saisir ? On vous parle sans cesse

de secousses, de déchiremens, de changemens brusques et douloureux qui suivroient infailliblement notre retour. On ose vous dire que nous ne pouvons recouvrer le Trône qu'en désolant vos foyers, en versant des flots de sang...François! Nous en appelons à vous, ces terreurs sont-elles les vôtres?—Pouvez-vous douter du cœur de votre Roi, des engagemens pris par Lui et tous ses Proches à la face de l'Europe? Le Frère de LOUIS XVI traîner après lui la désolation! Marcher sur vos cadavres!...Est-ce donc vous, ou son usurpation que Buonaparte veut défendre, en cherchant à rejeter sur nous la haine et l'effroi? Voyez quels sont ses dons! Les prisons d'Etat—, la déportation,—le meurtre public et clandestin,— la conscription,— des impôts accablaus,— votre commerce anéanti! Toutes relations libres, franches et amicales avec vous sont constamment impossibles ;—vous êtes pour vos voisins un éternel objet d'épouvante! Attisant vous-mêmes les haines et les vengeances ; un système de perfidie, de violence, d'ambition sans limites, d'arrogance sans frein, vous livre à d'interminables guerres dont la lassitude seule suspendra le fléau. Peuple malheureux ! Dans ces trophées du Tyran qui vous opprime, ne reconnoissez-vous pas les effets de la colère céleste ? Que ne peut du moins votre Père en épuiser sur lui tous les coups. Ah ! interrogez vos besoins, la sécurité de vos familles, la dignité du nom François : examinez si une Maison qui émancipa les communes, peut avoir le projet de vous asservir ; s'il est préférable, pour le rétablissement des mœurs, que les crimes restent impunis, ou qu'ils soient pardonnés ; enfin jugez si la Nation Françoise peut long-temps rougir sous le joug de ces corses fastueux, gorgés de sa substance et dont, au mépris de la religion, le chef commande l'adulation aux Ministres des Autels, ou si, reprenant le cours de ses heureuses destinées, elle doit refleurir et prospérer autour de l'arbre antique et religieux qui en la couvrant de son ombre, a fourni deux cent Rois à l'Europe.

François !

Au sein de la Baltique, en face et sous la protection du Ciel, forts de la présence de Notre Frère, de celle du Duc d'Angoulème Notre Neveu, de l'assentiment des autres Princes de Notre Sang qui tous partagent Nos principes et sont pénétrés des mèmes sentimens qui Nous animent ; attestant et les Royales victimes, et celles que la fidélité, l'honneur, la piété, l'innocence, le patriotisme, le dévouement, offrirent à la fureur révolutionnaire, ou à la soif et à la jalousie des Tyrans ; invoquant les mânes du jeune héros que des mains impies viennent de ravir à la patrie et à la gloire ; offrant à Nos Peuples, comme gage de reconciliation, les vertus de l'ange consolateur que la Providence, pour Nous donner un grand exemple, à voulu attacher à de nouvelles adversités, en l'arrachant aux bourreaux et aux fers ; Nous le jurons, jamais on ne Nous verra rompre le nœud sacré qui unit inséparablement Nos destinées aux vòtres, qui Nous lie à vos familles, à vos cœurs, à vos consciences. Jamais Nous ne transigerons sur l'héritage de nos Pères. Jamais

Nous n'abandonnerons Nos droits. François ! Nous prenons à témoin de ce serment le Dieu de Saint Louis, celui *qui juge les justices.*

Donné le deux Décembre, l'an de grace Mille Huit Cent quatre, et de Notre règne le Dixième.

Signé L O U I S.

et plus bas

✝ ALEXANDRE ANGELIQUE
TALLEYRAND-PERIGORD,   Le comte D'AVARAY.
Archevêque Duc de Reims.

www.ingramcontent.com/pod-product-compliance
Lightning Source LLC
LaVergne TN
LVHW051150060726
842526LV00006B/2307